Heidi Knoblich
Zum Christkind auf den Feldberg

Heidi Knoblich

Zum Christkind auf den Feldberg

Weihnachten bei Fräulein Fanny

Nach einer Geschichte von Hermine Villinger
Illustriert von Martina Mair

Silberburg-Verlag

Zum Christkind auf den Feldberg

Weihnachten bei Fräulein Fanny

Seit Anfang Dezember schneit es nun schon. Die grauen Schindeldächer der alten Bauernhäuser, die Berge und der Weg durch das Dorf sind längst unter einer meterhohen weißen Decke verschwunden. Am Ende des Weges lebt Mathis mit seinem Vater und drei seiner älteren Brüder. Die langen Winter über sitzen sie in ihrer niedrigen, dunklen Stube am Kachelofen. Der Vater und die Brüder schnitzen Eimer und Löffel aus Holz und rauchen ihre Pfeifen. Dabei

reden sie kaum miteinander. Meistens hört Mathis nur ihr Hämmern und das Kratzen ihrer Schnitzmesser. Wenn es sehr kalt ist, scharen sich auch die Hühner und zwei Schweine um den Ofen. Sie drängen und stoßen sich und wühlen in den Holzspänen, die beim Schnitzen auf den Boden fallen. Am Samstagabend kommt manchmal die Magd mit dem Besen. Dann schaufelt sie die vielen Späne weg und fegt ein wenig über den schmutzigen Fußboden. An die Fenster denkt sie nie. Die werden weder geöffnet noch geputzt. Gestern wischte Mathis den schmutzigen Tisch und die verrauchten Fenster mit einem nassen Lappen. Dann sagte er dem Vater, dass Schweine und Hühner nicht in eine Stube gehören. Da schimpfte der Vater und gab ihm eine Ohrfeige. Und er sagte etwas, das Mathis nie vergessen wird. Er sagte, dass

Mathis nur auf der Welt sei, um ihn zu ärgern. Seither steht Mathis meistens nur herum. Er hat die Hände in den Hosentaschen und hört dem Krächzen der Raben zu oder schaut nach, ob es denn immer noch schneit.

Morgen ist Heiliger Abend. Wenn Mathis die knarrende Tür zum Dorf hin öffnet, bläst ihm der Wind Schneeflocken ins Gesicht. Wenn es so schneit, geht niemand mehr nach draußen. Dann versinken selbst die Pferdefuhrwerke im Schnee. Mathis mag diesen Schnee nicht. Nicht vor Weihnachten. Denn er hat einen Plan. Er will zum Christkind auf dem Feldberg sein. Dafür würde er alles hergeben. Sogar sein Schnitzmesser. Doch der Feldberg ist hoch. So hoch, dass ihm das Hinaufsteigen schon ohne Schnee wie eine Ewigkeit vorkommt. Und der Schnee im Dorf ist so tief, dass Mathis bei jedem Schritt bis zu den Knien einsinkt. Wenn er doch nur Flügel hätte! Dann könnte er dabei sein, wenn am Heiligen Abend in Fräulein Fannys Hotel auf dem Feldberg alle in ihren Festtagskleidern um den hell erstrahlenden Christbaum stehen und Weihnachtslieder singen.

Mathis hat noch nie einen Christbaum gesehen. Weihnachten ist zwar auch bei ihm daheim die schönste Zeit des ganzen Jahres. Da findet er beim Aufwachen ein paar Äpfel und einen Lebkuchen auf seinem Bett, und zum Mittagessen gibt es Sauerkraut und Speck. Doch sonst ist alles düster und trostlos wie immer.

Bei Fräulein Fanny im »Feldberger Hof« kommt wirklich das Christkind vorbei. Lorenz hat es gesagt, der jüngste seiner älteren Brüder. Er ist kein Schnitzer geworden. Er arbeitet in Fräulein Fannys Hotel als Kellner. Bei Fräulein

Fanny gibt es auch eine richtige Krippe mit Maria und Joseph und dem Jesuskind. Lorenz hat ihm erzählt, wie Ochs und Esel aus dem Stall heraus zu den Hirten schauen, die dort bei ihnen knien und das Jesuskind anbeten. »Und ein Bübchen ist dabei«, hat Lorenz dazu gesagt, »ein Bübchen, das genauso aussieht wie du, Mathis!«

Wenn ich doch nur dieses Bübchen wäre, denkt Mathis seither. Und in Gedanken sieht er dann alles vor sich: Die Krippe, den Christbaum und die vielen Lichter. Lorenz hat ihm auch erzählt, dass jeder, der im »Feldberger Hof« arbeitet, sich vom Christkind etwas wünschen darf. Ein paar Handschuhe vielleicht oder Socken oder eine Tasche. Mathis wünscht sich nur, dabei zu sein. Mittendrin. Wie das Hirtenbübchen an der Krippe. Lorenz hat es gut, denkt Mathis.

Im vorvorletzten Sommer, in den Schulferien, hat er Lorenz zum ersten Mal dort oben, im »Feldberger Hof«, besucht. Da war er sechs Jahre alt. Ganz allein ist er über das Herzogenhorn hinaufgestiegen. Er hätte nie gedacht, dass so weit oben auf dem allerhöchsten Berg des Schwarzwaldes ein so großes und so vornehmes Haus steht. Sogar elektrisches Licht gibt es dort. Wenn es bei ihm im Dorf Nacht wird, zünden alle in ihrer Stube eine Kerze an, um einander sehen zu können.

Fräulein Fannys Gäste reisen mit der Postkutsche vom Titisee an. Die Frauen tragen viele Perlenketten, helle, lange, elegante Kleider und riesige Hüte mit Blumen und Federn. Ihre Männer sind in Anzüge gekleidet, aus deren Westentaschen sie manchmal Uhren an goldenen Ketten herausziehen, um nach der

Zeit zu schauen. Sie rauchen dicke Zigarren und bewundern die schöne Landschaft und die Aussicht auf die umliegenden Berge. Dann lassen sie sich fein duftendes Essen und rot oder weiß funkelnden Wein und dampfenden Kaffee servieren. Sie alle lachen und reden vergnügt miteinander. Fräulein Fanny geht von Tisch zu Tisch und schaut nach, ob alles in Ordnung ist. Sie hat so schöne Hände! Damit streicht sie sich immer ihre schwarze, glänzende Schürze glatt. Manchmal spielt sie mit den Gästen ein Kartenspiel, das Cego heißt. Lorenz hat Mathis das gesagt, und er hat hinzugefügt, dass Fräulein Fanny dieses Spiel meistens gewinnt.

Die vielen Dienstmädchen und Kellner rennen geschäftig hin und her. Sie alle wissen von selbst, was sie zu tun haben. Ein Blick von Fräulein Fanny sagt nämlich mehr als bei anderen Leuten

tausend Worte. Wie hat er damals gestaunt über die blitzblank gewischten Böden und die weißen Tischtücher! Und weil Mathis Fräulein Fanny im Weg stand, forderte sie ihn auf, mitzuhelfen. Dann band Lorenz Mathis eine Schürze um, und Mathis half Lorenz, das silberne Besteck zu putzen, und den Küchenhilfen, das Geschirr zu spülen. Und überall, wo es etwas zu tun gab, war Mathis dann dabei. Einmal wäre er vor lauter Eifer fast über die viel zu lange Schürze gestolpert. »Halt, halt«, rief da Fräulein Fanny auf einmal und steckte sie ihm schnell hoch. Und dann sagte sie etwas, das Mathis nie vergessen wird und das er am liebsten immer wieder hören würde. Sie sagte: »So ein Bübchen wie du ist ja ein Segen für das Haus.«

Auch im Sommer darauf besuchte Mathis seinen Bruder Lorenz auf dem Feldberg. Er weinte, als er wieder ins Dorf hinuntermusste. Die Dienstmädchen versuchten ihn zu trösten. Und als dies alles nichts half, sagte Fräulein Fanny: »Jetzt lass das Weinen! Du darfst ja im nächsten Sommer wiederkommen.«

»Aber der elende Winter dauert doch so furchtbar lang«, schluchzte Mathis da.

»Dann lernst du in der Schule, und wenn du ein gutes Zeugnis hast, darfst du im nächsten Sommer mit dem Esel den Proviant ins Turmgasthaus fahren. Du ganz allein.«

Im Sommer mit dem Esel Kaffee und Milch und Zucker und Mehl auf Fräulein Fannys Turmgasthaus zuoberst auf den Feldberg bringen und dann mit dem leeren Wagen hinuntersausen zu dürfen, davon hat er schon immer geträumt. Dieses Versprechen machte ihm den Abschied im vergangenen Sommer leichter.

Fräulein Fanny steckte ihm noch ein dickes Stück Kuchen in den Rucksack. Mathis setzte sich schon auf dem Herzogenhorn ins Gras und aß den Kuchen, der so wunderbar süß und tröstlich schmeckte. Dabei sah er wehmütig zum Feldberg hinüber.

Die Erinnerung an Fräulein Fanny hilft ihm nun über die langen und dunklen Wintertage. Auf dem Feldberg schneit es über Nacht manchmal so stark, dass man am nächsten Morgen nicht mehr aus dem Fenster sieht. Das hat Lorenz Mathis auch noch erzählt. Mathis seufzt. Das Zufallen der Haustür reißt ihn aus seinen Gedanken. Bald darauf sieht er durch das verrauchte Stubenfenster, wie sich seine anderen Brüder mit ihren hölzernen Schneeschuhen auf und davon machen, um mit den Buben des Dorfes den Abhang herunterzusausen. Auf

Schneeschuhen kommt man jetzt weiter. Der Briefbote bringt in diesen Tagen die Post auch auf Schneeschuhen. Schneeschuhe müsste ich halt haben, denkt Mathis. Dann könnte ich zum Christkind auf dem Feldberg oben sein. Da kommt ihm eine Idee.

Als der Vater und die Brüder schlafen, schleicht sich Mathis mit der Stalllaterne in die Scheune, in der das Brennholz aufgestapelt ist. Hier haben seine Brüder ihre Schneeschuhe aufgereiht. Mathis greift nach dem kürzesten Paar. Seine Hände zittern, als er im flackernden Licht der Kerze mit seinem Schnitzmesser Löcher in die Lederriemen der Bindung bohrt. Er gibt nicht auf, bis ihm die Riemen der beiden viel zu großen Schneeschuhe fest um die kleinen Stiefel sitzen. Mathis hat keine Ahnung, wie man auf Schneeschuhen geht. Niemand hat es

ihm gezeigt. Doch er wird mit ihnen über das Herzogenhorn auf den Feldberg steigen. Er kann es kaum erwarten, bis der Morgen kommt.

Als er am Vormittag den Vater und die Brüder endlich wieder in der Stube hämmern und schnitzen hört, zieht Mathis seine Mütze und seinen Schal an, stopft sich die Handschuhe in die Hosentasche und schleicht sich wieder in die Scheune. Das Herz klopft ihm bis zum Hals, als er sich die bereitgestellten Schneeschuhe holt. Sie sind schwer und lang. Wenn er ihre Spitzen sehen möchte, muss er den Kopf ins Genick legen. Er nimmt auch zwei der Holzstöcke. Man braucht Holzstöcke zum Schneeschuhlaufen, das hat er bei den Brüdern gesehen. Selbst die Stöcke sind riesengroß. Mathis hält Schneeschuhe und Stöcke fest an sich gepresst und läuft so schnell er kann zum Dorf hinaus. Niemand darf ihn sehen. Er dreht sich um und schaut noch einmal zurück. Dabei sinkt er mit seiner schweren Last so tief im Schnee ein, dass er sich an den Stöcken hochziehen muss, um wieder aufzukommen und weiterzugehen. Endlich hat er das Dorf hinter sich gelassen. Am Waldrand kann er sich die Schneeschuhe unbemerkt anschnallen. Da erst bemerkt er, dass er sich im Licht der Stalllaterne verschätzt hat: Seine Stiefel sind für die großen Schneeschuhe viel zu schmal. Er rutscht auf den Brettern hin und her. Plötzlich steht einer der Schneeschuhe sogar quer über dem anderen. Mathis fällt auf den Rücken. Da liegt er, die Beine mit den langen hölzernen Dingern in der Luft. Er weiß nicht, wie er mit Schneeschuhen an den Füßen wieder aufstehen soll. Er schimpft. Und schafft es doch, wieder auf die Beine zu kommen. Dann klopft er sich den Schnee aus der Jacke und der Hose. Langsam gelingt es ihm sogar, etwas voranzukommen, ohne sofort wieder hinzufallen. Doch dann geht es so steil bergauf, dass er immer auf einen Schritt, den er vorwärtskommt, wieder zwei Schritte zurückrutscht.

Manchmal stellen sich ihm Tannenäste, die aus dem Schnee herausragen, in den Weg. Der Wind treibt die Schneeflocken vor sich her, treibt sie Mathis ins Gesicht. Sie stechen wie kleine Nadeln. Und wenn es noch so furchtbar stark schneit, er wird es schaffen, denkt Mathis. Er muss nur etwas verschnaufen. Er hat schon so viel an Höhe gewonnen, dass ihm die Häuser ganz unten im Dorf wie Spielzeug vorkommen. Er keucht und schwitzt. Lorenz und Fräulein Fanny werden staunen, wenn er an die Tür des

»Feldberger Hofs« klopft. In Gedanken sieht er alles genau vor sich. Doch da löst sich plötzlich an einem der Schneeschuhe die Bindung und der Schneeschuh rutscht den Berg hinunter ins Tal. Dieser blöde Schneeschuh rast die ganze lange Strecke zurück, die Mathis sich hochgekämpft hat. Er dreht sich, überschlägt sich und dann bleibt er unten auf dem Weg liegen. Fassungslos sieht Mathis ihm hinterher. Jetzt hat er den ganzen elenden Weg hier herauf umsonst gemacht. Wenn die Spitze des Schneeschuhs abgebrochen ist, wird der Vater wieder schimpfen. Mathis weint leise vor sich hin. Er friert so. Doch wenn er zum Christkind auf dem Feldberg sein möchte, muss er diesen blöden Schneeschuh wiederhaben. Mathis wischt sich mit dem Ellbogen die Tränen weg. Er lässt sich in den Schnee fallen und rutscht

auf dem einen Schneeschuh dem anderen den ganzen Weg hinterher. Seine blaugefrorenen Finger zittern, als er sich unterhalb des Hangs den Schneeschuh wieder anschnallt. Blut tropft plötzlich von seinem rechten Daumen. Er muss sich an der metallenen Bindung geschnitten haben. Hastig zieht er sein blaues Taschentuch aus der Hose und verbindet damit die klaffende Wunde. Er hätte sich die Handschuhe schon viel früher anziehen sollen, denkt er und stöhnt vor Schmerz leise auf, als er mit dem dicken Daumen hineinschlüpft. Dann macht er sich wieder auf den Weg. Er muss sich sputen, denkt er, er hat keine Laterne dabei. Wenn es dunkel wird, findet er den Weg nicht mehr.

Da fällt ihm ein, dass seine Brüder die Wege bergauf immer im Zickzack nehmen. Mathis versucht, es ihnen nachzumachen, und kämpft sich langsam den Berg hinauf. Immer weiter. Mit jedem Schritt geht es besser.

Dann endlich, Mathis kann es kaum fassen, steht er auf dem Gipfel des Herzogenhorns, der fast gleich hoch ist wie der Feldberg. Völlig durchgeschwitzt und außer Atem steht er da oben.

»Juhu!«, ruft er, »juhu!«

Vor ihm steht der tief verschneite Feldberg. Alle Berge, alle Wiesen, alle Felsen und Tannen sind zugeschneit. Die Schneewolken haben sich verzogen. Hinter der Feldbergspitze sieht Mathis noch den rötlichen Schein der untergehenden Sonne. Vom »Feldberger Hof« drüben steigt der Rauch kerzengerade in den Himmel hinauf. Bald wird Fräulein Fanny die Kerzen am Christbaum anzünden. Und dann wird das Christkind kommen. Der Wind weht eisig kalt hier oben auf dem Gipfel. Mathis zieht sich die Mütze tiefer ins Gesicht. Er ist plötzlich so müde und hungrig und traurig. Und sein rechter Daumen tut so weh. So oft ist er hingefallen, dass seine Mütze, seine Jacke, seine Hose, seine Handschuhe und sein Schal nun von einer dicken Schneeschicht überzogen sind.

Wie ein lebendig gewordenes Häuflein Schnee zieht Mathis durch die Einsamkeit. Er hört nur noch das schleifende Geräusch der Schneeschuhe und das Rauschen des Waldes. Er lässt sich den Hang hinuntergleiten. Zum »Feldberger Hof« muss er noch einmal hinaufsteigen. Mathis sieht nur noch Schnee und verschneite Tannen. Vielleicht sind es aber auch vermummte Gestalten, die ihm auflauern. Oder der Denglegeist, der hier oben Wanderer in die Irre führt und in die Tiefe stürzen lässt. Der Vater hat ihn immer vor diesem schlimmsten aller Geister, die in dieser Gegend den Menschen schaden, gewarnt. Mathis spürt, wie sein Herz klopft. Es klopft bis zum Hals. Er gerät in eine Schneewehe und fällt hin. Er müht sich noch einmal auf. Dann fällt er wieder hin. Jetzt stehe ich nicht mehr auf, denkt Mathis. Doch er weiß, es ist gefährlich, im Schnee zu liegen. Es sind schon viele hier oben erfroren. Bald wird es dunkel. Jetzt muss er wohl sterben, ganz allein im Schnee.

»Lieber Gott«, sagt er, und seine Stimme zittert dabei, »bitte lass mich hier nicht erfrieren!« Er wollte doch nur zum Christkind auf dem Feldberg sein. Noch einmal versucht er, sich aufzusetzen. »Bitte, lieber Gott! Bitte, hilf mir! Ich verspreche dir, nie mehr von zu Hause wegzulaufen.«

Im »Feldberger Hof« huschen derweil schon alle Mägde und Köche, alle Dienstmädchen und

Kellner aufgeregt hin und her. Sie können es kaum erwarten, bis Fräulein Fanny die Kerzen am Christbaum anzündet. Die Gäste haben sich bei ihr die neuesten Schneeschuhe gekauft und sind darauf den ganzen Tag den Abhang vor dem Hotel heruntergesaust. Nun sitzen sie vergnügt beim Essen. Fräulein Fanny geht geschäftig im Bescherungszimmer ein und aus. Sie hat jedes Mal die Arme voll großer und kleiner Geschenke. Gerade eben ist sie wieder in den Flur gekommen, als es an der Haustür klopft. Sie öffnet verwundert. Um diese Uhrzeit hat sie mit keinem Gast mehr gerechnet. Da taumelt ihr eine kleine weiße Gestalt über die Türschwelle entgegen.

»Nanu«, ruft Fräulein Fanny erstaunt, »was für ein kleiner Schneemann kommt denn da zu uns?«

Niemand hätte unter dieser dicken Schneeschicht Mathis vermutet. Da steht er. Müde und zitternd hält er die Schneeschuhe ganz fest an sich gepresst. Sie stehen ihm wie Flügel ab. »Jetzt lass erst mal deine Flügel los«, sagt Fräulein Fanny und greift nach den Schneeschuhen.

Endlich kommt wieder Leben in Mathis. »Seltsame Flügel«, schimpft er bibbernd, »das sind ganz schrecklich furchtbar blöde dumme Dinger!«

Und dann will er erzählen, wie ihm die Füße darauf immer zur Seite gerutscht sind. Wie die Schneeschuhe immer quergestanden sind. Und dass ihm einer davon sogar wieder ins Tal gerutscht ist. Doch da lachen schon alle, die sich neugierig um ihn und Fräulein Fanny versammelt haben. Durch das ganze

Hotel rufen sie einander zu, dass Mathis über das Herzogenhorn heraufgekommen ist.

»Du liebe Güte! Ganz allein!« Lorenz kommt herbeigeeilt und nimmt seinen kleinen Bruder besorgt in den Arm. Er kann es nicht fassen, in welche Gefahr sich Mathis begeben hat.

Mit Bürsten und Besen machen sich die Dienstmädchen über den kleinen Schneemann her. Dann trägt Lorenz ihn in ein kaltes Zimmer, um ihn langsam aufzuwärmen. Damit Mathis das Aufwärmen nicht weh tut, reibt ihm der Knecht die blaugefrorenen Ohren und Hände fest mit Schnee ab. Fräulein Fanny reinigt behutsam seine Wunde am rechten Daumen und legt ihm einen Verband an. Und sie weiß auch, was Mathis wieder Kraft geben wird. Sie hat in der Küche einen Teller dampfender, würziger Nudelsuppe

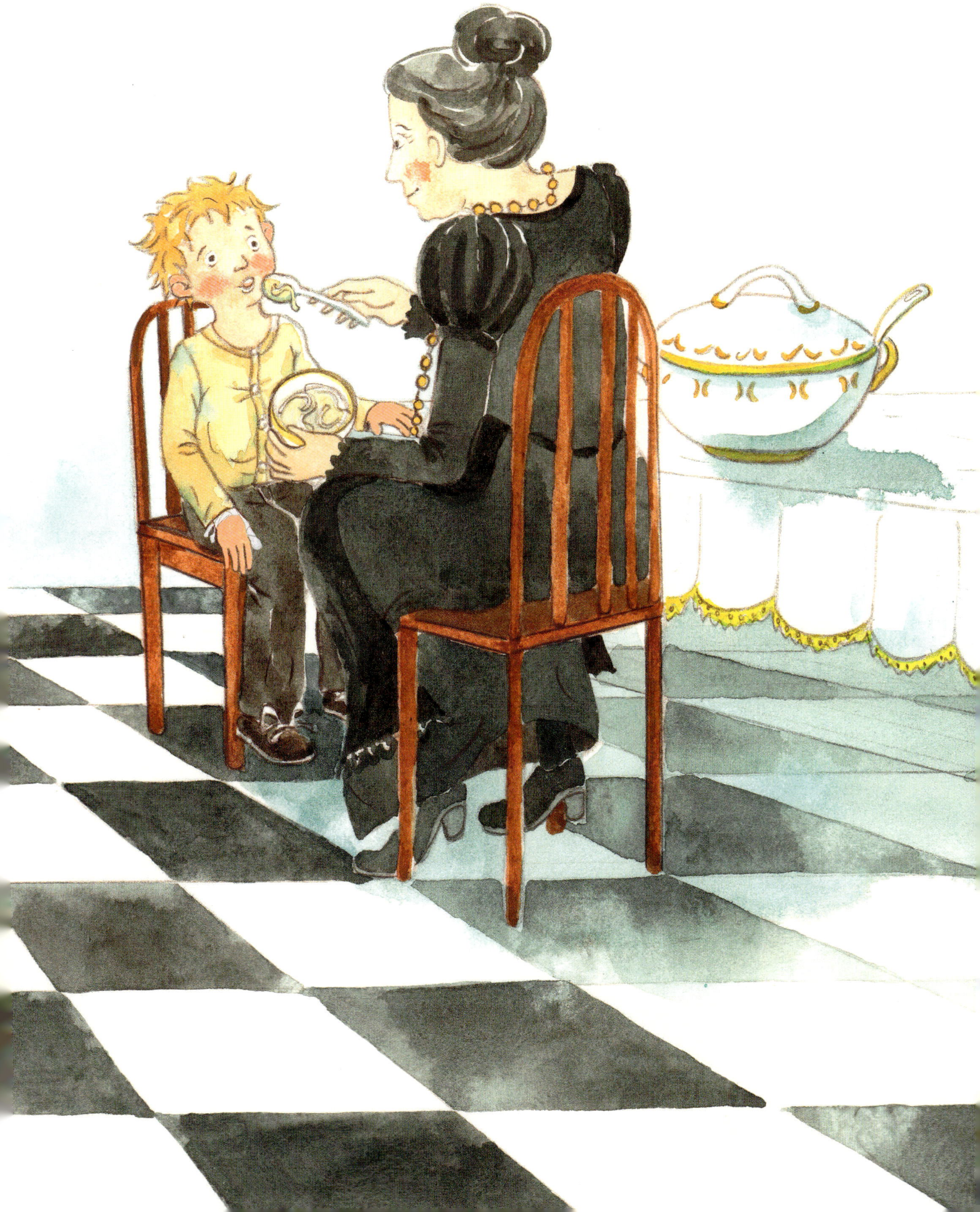

für ihn bestellt, auf der viele Fettäugelchen schwimmen.

»Was hast du dir nur dabei gedacht, den weiten Weg hier heraufzukommen, so ganz allein?«, fragt Fräulein Fanny, als sie Mathis Löffel für Löffel davon einflößt.

»Ich wollte zum Christkind da sein«, sagt Mathis schläfrig. »Ihr weckt mich doch, wenn es hier ist, das Christkind, nicht wahr?«

Doch die Antwort hört Mathis schon nicht mehr. Hier, bei Fräulein Fanny in der Wärme, wird ihm auf einmal so wohl, dass er noch am Tisch einschläft.

Er träumt von den unendlich weiten Schneefeldern, durch die er sich gekämpft hat. Und er sieht die vermummten Gestalten auf sich zukommen. Doch diese machen ihm jetzt keine Angst mehr. Jetzt sieht er nämlich noch etwas ganz anderes – den Christbaum voll glänzender Lichter! Wie hat er sich danach gesehnt, diesen wunderbaren Christbaum zu sehen! Nun leuchtet er vor ihm und vergoldet die ganze Welt. Und in der Krippe darunter liegt das Jesuskind im Stroh. Maria und Joseph stehen bei ihm, und aus dem Stall schauen der Ochse und der Esel. Ringsum knien die Hirten, genau so, wie Lorenz es erzählt hat. Sie strecken ihre hocherhobenen Hände nach dem Jesuskind aus und beten mit lauter Stimme. Mitten unter ihnen steht der kleine Hirte, der allerkleinste. Er ist voller Schnee. Und er hat viel zu große Schneeschuhe im Arm, die ihm wie Flügel abstehen. Ist er das nicht selbst, Mathis, mit blaugefrorenen Händen und roten Ohren? Ja, das ist er.

Das Jesuskind deutet auf seine Schneeschuhe. »Sind das deine Flügel?«, fragt es.

»Seltsame Flügel«, will Mathis gerade wieder sagen, »das sind …« Doch dann wird auf einmal die Tür geöffnet.

Lorenz steht auf der Türschwelle und sagt: »Wach auf, Mathis! Wach auf! Das Christkind war da!«

Mathis fährt hoch und reibt sich die Augen. Ein heller Lichtstrahl fällt zu ihm herein und durch das ganze Hotel tönt es laut: »O du fröhliche, o du selige, gnadenbringende Weihnachtszeit!«

Das Christkind war da! Blitzschnell steht Mathis mit offenem Mund unter der Stubentür. Der Christbaum ist noch viel prächtiger, als er je gedacht hat. Er reicht vom blitzblanken Holzboden bis fast unter die weiße Stubendecke. Als Krönung trägt er einen strahlenden Stern. Im hellen Licht

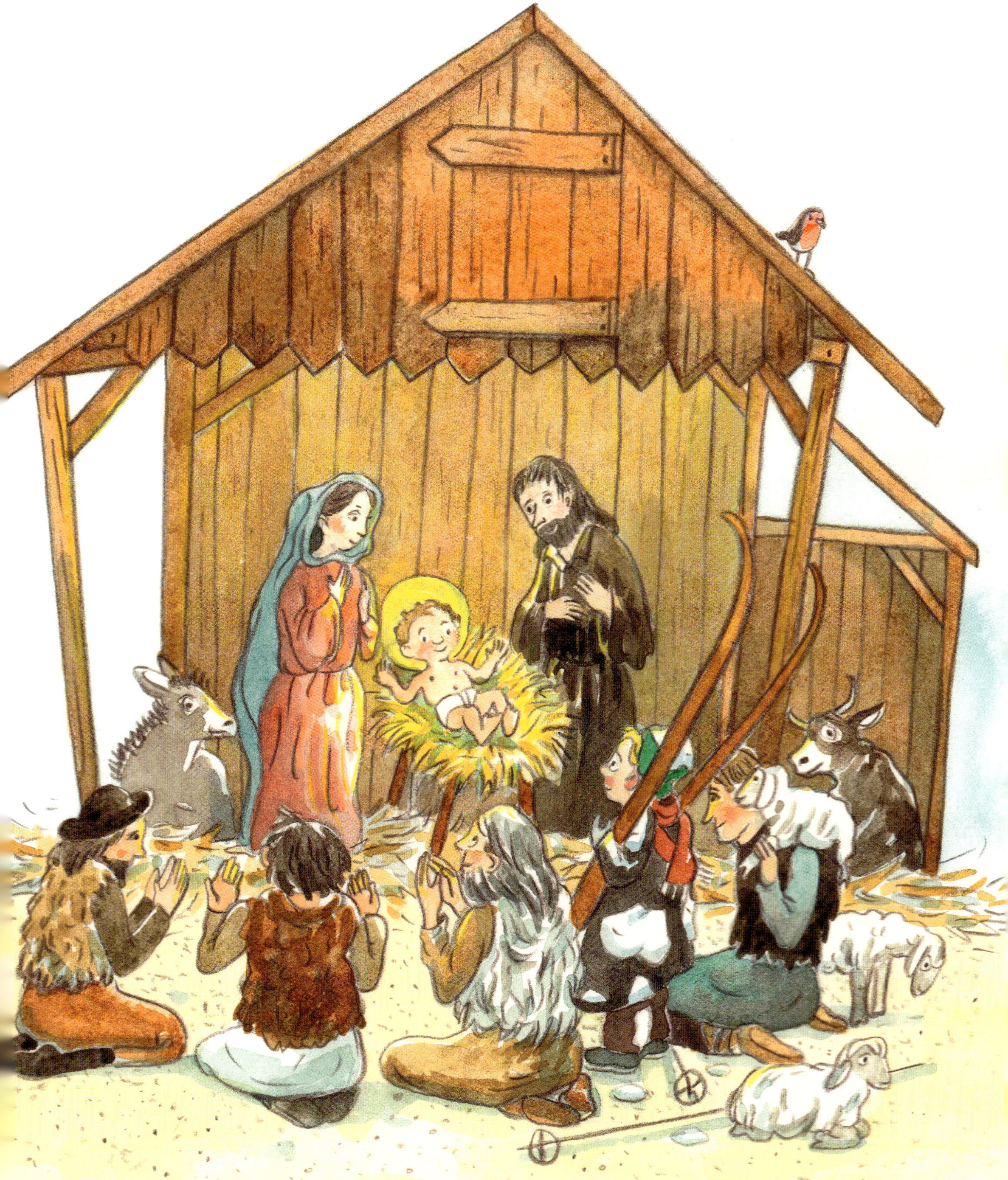

der Kerzen glänzen kleine und große silberne und goldene Kugeln und Trompetchen. Und Glöckchen hängen darin, die zart und leise klingeln. Und über den Zweigen liegt feines Engelshaar. Dazwischen stecken kleine Fliegenpilze. Noch nie im Leben hat Mathis so etwas Schönes gesehen. Hier, in der großen Stube, sind alle um den Christbaum versammelt. Mathis ist, als hätte eine große Hand die Zeiger der Uhr angehalten. Und als hätte sich der ganze Glanz der Heiligen Nacht auf diese Stube niedergelegt. Es duftet nach frischem Tannengrün, nach Fräulein Fannys Pasteten, nach Linzertorte und feinen Zigarren. Weihnachten bei Fräulein Fanny ist noch viel festlicher, als Mathis es sich je ausgedacht hat. Alle packen ihre Geschenke aus – Nachthemden und Wolltücher für die

Mägde und Dienstmädchen, dicke Socken, gestrickte Pullover mit Norwegermuster und Stofftaschentücher für die Kellner und Köche, und eine lange Unterhose und Zigarren für den Knecht. Und für jeden ist ein großes Lebkuchenherz dabei. Es ist mit Zuckerguss und Mandeln verziert und trägt den Namen eines jeden Beschenkten. Lorenz streicht Mathis die zerzausten Haare zurecht und legt ihm die Hand auf die Schulter.

Fräulein Fanny schenkt gerade einem Gast Rotwein nach. Als sie Mathis sieht, nimmt sie einen der Teller von den weiß gedeckten Tischen. Einer von denen, die randvoll gefüllt sind mit dem feinsten Gebäck. Sie hält Mathis den Teller hin. »Da, schau«, sagt sie lächelnd, »da hat es Springerle und Buttergebäck, Hilda- und Haselnussbrötchen!«

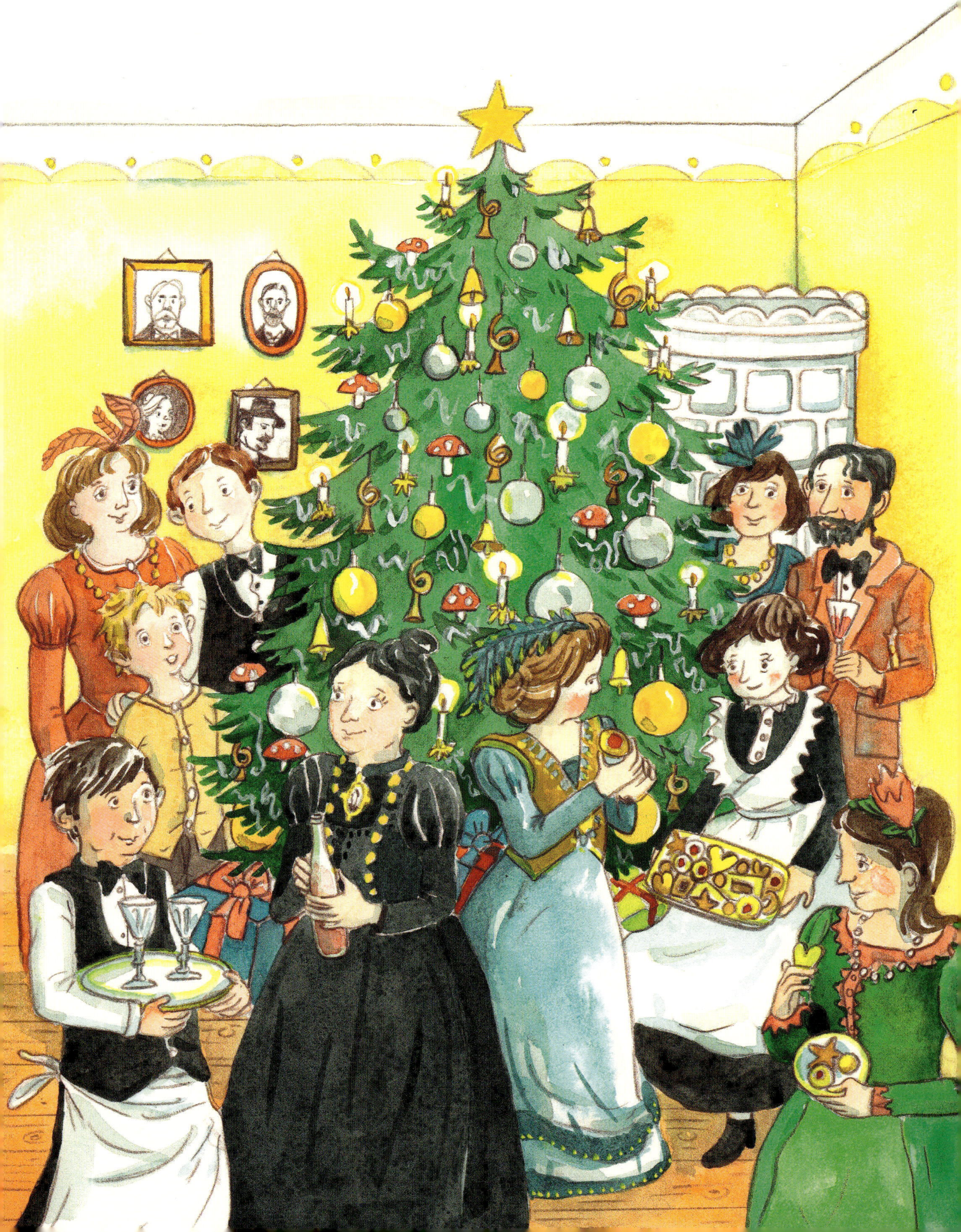

Ein feiner Duft strömt Mathis entgegen. Ihm läuft das Wasser im Mund zusammen. Er kann sich kaum zwischen diesen kleinen Köstlichkeiten entscheiden. Sie sehen aus wie gemalt. Dann nimmt er ein Hildabrötchen vom Teller. »Danke«, sagt er schüchtern, bevor es in seinem Mund verschwindet. Es schmeckt so süß und so butterig und nach den Himbeeren, die Mathis im Sommer so gerne im Wald sammelt.

»Was wohl dein Vater dazu meint, dass du allein losgelaufen bist, Kind? Du hättest unterwegs erfrieren können!«, sagt einer der Gäste kopfschüttelnd.

»Ich wollte halt zum Christkind auf den Feldberg!«, sagt Mathis.

»Dann komm und schau mal, was das Christkind dir gebracht hat«, sagt Fräulein Fanny. Sie nimmt Mathis bei der Hand und führt ihn zum Christbaum. Darunter, direkt neben der Krippe mit dem Jesuskind und den Hirten, liegt ein Paar neue Schneeschuhe. »Die werden dir passen!«, sagt Fräulein Fanny.

Mathis kann eine Weile gar nichts sagen, so überrascht ist er. Er steht mit großen Augen da. Dann bückt er sich und streicht zaghaft mit den Fingern über das dunkle, lackierte Holz. Jetzt hat er eigene Schneeschuhe! Er kann es kaum glauben. Jetzt kann er mit seinen Brüdern und den anderen Buben die Hänge im Dorf hinuntersausen! Mathis strahlt. »Danke!«, sagt er. Doch dann kommen ihm der Vater und die Brüder in den Sinn. Ob sie ihn vermissen? Mathis macht ein nachdenkliches Gesicht.

Doch Fräulein Fanny lächelt. »Ich habe aus unserer Poststation im Hotel ein Telegramm an deinen Vater aufgegeben«, sagt sie. »Darin steht: Mathis feiert wohlbehalten mit uns Weihnachten.«

Mit einem Telegramm von Fräulein Fanny wird der Vater nicht so schimpfen, wenn er morgen wieder heimkommt, hofft Mathis. Ihm fällt ein großer Stein vom Herzen. Er wird dem Vater erzählen, dass er einmal in seinem Leben den Glanz von Fräulein Fannys Christbaum sehen und ihre Weihnachtslieder hören wollte. Doch zuerst wollen Mathis, Fräulein Fanny, die Gäste, Lorenz, die Mägde, die Dienstmädchen, die Köche, die Kellner und der Knecht ganz genau wissen, wie Mathis es im tiefen Schnee mit den viel zu großen Schneeschuhen auf den Feldberg geschafft hat. Denn schließlich hat Mathis ein Abenteuer bestanden. Er weiß selbst nicht, wie er das alles schaffen konnte. So ganz allein. Während draußen in der Nacht der eisig kalte Wind um den »Feldberger Hof« pfeift und alle mit roten Wangen in der hell erleuchteten warmen Stube sitzen und seiner Geschichte lauschen, ist sich Mathis aber ganz sicher, dass am Heiligen Abend manchmal Wunder geschehen.

Heidi Knoblich, geboren in Zell im Wiesental, ist Erzählerin, Roman- und Bühnenautorin sowie Print- und Radiojournalistin. Sie hat unter anderem den erfolgreichen historischen Roman »Winteräpfel« geschrieben – eine berührende Geschichte um die mutige Skipionierin und »Feldbergmutter« Fanny Mayer.

Martina Mair kam in Freising zur Welt und besuchte die Berufsfachschule für Grafik und Werbung und die Akademie der Bildenden Künste in München. Sie ist dort als Künstlerin und als Kinderbuchautorin und -illustratorin tätig.

1. Auflage 2015

© 2015 by Silberburg-Verlag GmbH,
Schönbuchstraße 48, D-72074 Tübingen.
Alle Rechte vorbehalten.

Umschlaggestaltung: Frank Butzer, Tübingen,
unter Verwendung einer Zeichnung von Martina Mair.
Druck: Phoenix Print GmbH, Würzburg.
Printed in Germany.

ISBN 978-3-8425-1424-9

Besuchen Sie uns im Internet
und entdecken Sie die Vielfalt unseres Verlagsprogramms:
www.silberburg.de

Ihre Meinung ist wichtig …

… für unsere Verlagsarbeit. Wir freuen
uns auf Kritik und Anregungen unter:

www.silberburg.de/Meinung

Bücher zum Schwarzwald

In Ihrer Buchhandlung

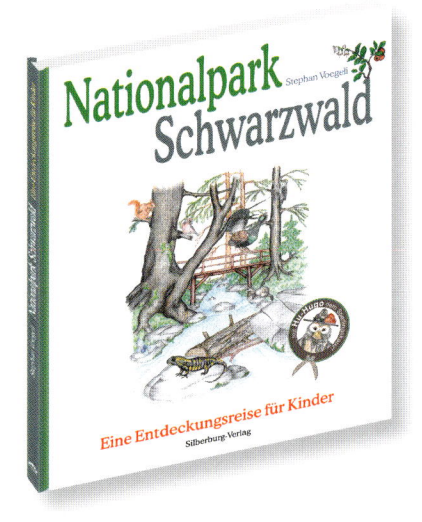

Stephan Voegeli

Nationalpark Schwarzwald

**Eine Entdeckungsreise für Kinder.
Mit Hu-Hugo dem Sperlingskauz**

Was hat der Häher mit dem Eichhörnchen gemeinsam? Wieso tun manche Pilze den Bäumen gut? Wozu braucht man Ameisen? Woraus machen Bienen den Tannenhonig? Diese und andere Fragen rund um den Nationalpark Schwarzwald werden in diesem Buch beantwortet. Die spannenden Informationen, interessanten Geschichten und detaillierten Bilder vermitteln spielerisch, wie einzigartig der Nationalpark ist. Immer mit dabei: Hu-Hugo der Sperlingskauz-Ranger, der die Natur, die Tiere, Pflanzen und Pilze seiner Heimat beschreibt und erklärt. Mit vielen Bastelanregungen.

*48 Seiten, zahlreiche Illustrationen, fester Einband.
ISBN 978-3-8425-1426-3*

Heidi Knoblich

Winteräpfel

**Aus dem Leben der Feldbergmutter Fanny Mayer.
Historischer Roman**

Jubiläumsausgabe »125 Jahre Skilauf im Schwarzwald«

»Das Kind ist da. Die Frau hat das Fieber. Ich bitte Dich, komm!« Ein Telegramm ihres Bruders Carl, Pächter des »Feldberger Hofs«, ruft Fanny Mayer im Februar 1881 auf den rauen Feldberg. Sie kämpft sich durch eisigen Winterwind und meterhohen Schnee auf den höchsten Berg des Schwarzwalds. Doch sie kommt zu spät. Dort oben erwarten sie ein mutterloses Kind, ein angeschlagener Bruder, ein verlassenes Gasthaus und ein paar alte Pfannen. Fanny Mayer fügt sich ihrem Schicksal, wendet es zum Besten und wird als »Feldbergmutter« weit über die Landesgrenzen hinaus zum Sinnbild badischer Gastlichkeit. Ihrer Zeit immer einen Gedankenschritt voraus, macht sie sich mit dem aufkommenden »Schneeschuhlauf« den Winter zum Freund.

*Sonderausgabe in großzügiger Ausstattung und mit vielen
bisher unveröffentlichten historischen Bildern.
224 Seiten, 30 Abbildungen, fester Einband. ISBN 978-3-8425-1425-6*

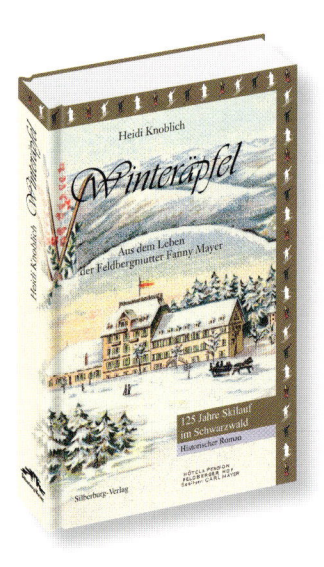

Silberburg-Verlag

www.silberburg.de